MAGYAR MUZSIKA

harmonikára

HUNGARIAN MUSIC

for accordion

UNGARISCHE MUSIK

für Akkordeon

Összeállította és harmonikára átírta
Compiled and transcribed for accordion by
Zusammengestellt und für Akkordeon bearbeitet von

VAS Gábor

EDITIO MUSICA BUDAPEST

Editio Musica Budapest Zeneműkiadó Kft.
1132 Budapest, Visegrádi utca 13. • Tel.: +36 1 236-1104
E-mail: emb@emb.hu • Internet: www.emb.hu

ELŐSZÓ

A harmonika népszerűsége világszerte nő; a jellegzetes hangú hangszert az egyszerű, népies muzsikától a komoly virtuozitást igénylő klasszikus szólódarabokig a legkülönfélébb műfajú és stílusú zenék megszólaltatására használják. Albumunk is ezt a sokszínűséget kívánja tükrözni, azzal együtt, hogy kizárólag magyar vonatkozású zenéket, magyar népdalokra, illetve a 17–19. század magyar táncaira épülő műveket tartalmaz: Weiner Leó népdalfeldolgozásaitól Brahms V. magyar táncán és Farkas Ferenc régi magyar táncain át a Monti-csárdásig ki-ki megtalálhatja benne az ízlésének és hangszeres tudásának leginkább megfelelő darabokat. A feldolgozások egy részének és valamennyi mű harmonika-átiratának szerzője Vas Gábor, aki közel 40 évnyi aktív harmonikaművész-tanári tapasztalatait összegzi ebben a kötetben.

FOREWORD

The popularity of the accordion is growing worldwide; this distinctive-sounding instrument is used for playing the most varied genres and styles of music, from simple folk music to classical solo pieces demanding real virtuosity. Our album too attempts to reflect this colourful diversity, while at the same time containing works based exclusively on music with Hungarian associations, Hungarian folk songs, and Hungarian dances of the 17th–19th centuries: from folksong arrangements by Leo Weiner, through Brahms' 5th Hungarian Dance and Ferenc Farkas' Early Hungarian Dances to Monti's Csárdás, everyone will find pieces to suit their taste and instrumental skills. Some of the arrangements and all of the transcriptions for accordion are by Gábor Vas, whose 40-old years of experience as an active accordion soloist and teacher are distilled in this volume.

VORWORT

Die Beliebtheit des Akkordeons wird in der ganzen Welt immer größer; die verschiedensten Gattungen von der einfachen volkstümlichen Musik bis zu den virtuosen klassischen Solostücken sind auf dem charakteristischen Ton des Instruments zu hören. Unser jetzt publiziertes Album für Akkordeon möchte diese Vierfarbigkeit widerspiegeln, obwohl es ausschließlich ungarische Musik enthält, Werke, die auf ungarische Volkslieder beziehungsweise auf ungarische Tänze des 17–19. Jahrhunderts aufgebaut sind: von den Volksliedbearbeitungen von Leó Weiner, dem Ungarischen Tanz Nr. 5 von Brahms durch die Alten ungarischen Tänze von Ferenc Farkas bis zu dem Monti-Csárdás kann hier ein jeder die Stücke finden, die seinem Geschmack und seinem instrumentalen Können entsprechen. Der Komponist von einem Teil der Bearbeitungen und von allen Akkordeonfassungen ist Gábor Vas, der in diesem Band seine Erfahrungen als Akkordeonspieler und -lehrer aus fast 40 Jahren zusammenfaßt.

TUDNIVALÓK

A regisztrálásról

A regiszterek (hangszínváltók) száma, jellege hangszertípusonként változik, ezért a következőkben a regisztrálás általános elveit összegeztük.

a) *Regisztrálás a jobb kéznél.* A legfontosabb, hogy elkerüljük a túl vaskos ("morgó") és túl éles ("visító") hangzásokat. Ezért a mély fekvésű dallamoknál — különösen kettős-hármasfogásoknál — kerüljük a mély oktávval — ⊖(16') — kombinált hangszíneket. Magas fekvésű szólamnál viszont épp ezeket kell használnunk. (A jobbkéz-regiszterek táblázata a tudnivalók után található.)

b) *Regisztrálás a bal kéznél.* A basszusregiszterek három főtípusa a legelterjedtebb:

▦ = "Bariton"-regiszter. Bekapcsolásnál a magasabb sípsorok szólalnak meg.

▦ = "Tutti"-regiszter. A basszus összes sípsorát kapcsolja.

▦ = "Mély-basszus"-regiszter. A három legmélyebb sípsort kapcsolja.

A kisebb hangszereken — amelyeken nincs basszusregiszter — az összes sípsor szól. Ilyen harmonikán a basszus kitartott hangjait-akkordjait szükség esetén kissé le is rövidíthetjük, nehogy elnyomják a dallamot.

NOTES

On registration

The number and character of registers (stops) differ according to the type of instrument, so in what follows we sum up the general principles of registration.

a) *Registration in the right hand.* The most important thing is to avoid too thick ("growling") and too shrill ("shrieking") sounds. Therefore in low-pitched melodies — especially in double- and triple-stopping – we should avoid tone colours incorporating the lowest octave - ⊖ (16'). In high-pitched parts, however, it is these we must use (a table showing the right-hand registers can be found after the notes).

b) *Registration in the left hand.* Three main types of bass register are the most commonly used:

▦ = "baritone" register. When it is switched on, the highest rows of pipes sound.

▦ = "tutti" register. It switches on all the rows of bass pipes.

▦ = "deep bass" register. It switches on the three lowest rows of pipes.

On smaller instruments which do not have a bass register all the rows of pipes sound. On this kind of accordion, sustained bass notes and chords can if necessary be slightly shortened so that they do not drown the melody.

NOTIZEN

Über das Registrieren

Die Register (Vorrichtungen zur Änderung der Tonfärbung) sind bei einzelnen Instrumententypen sowohl an Zahl als auch an Charakter verschieden. Ebendeshalb fassen wir nachstehend die allgemeinen Grundsätze des Registrierens zusammen.

a) *Registrieren für die rechte Hand.* Das wichtigste ist, dass man die allzu derben („brummenden") und die zu scharfen („grell schreienden") Klangfärbungen vermeide. Ebendeshalb nehme man bei tiefliegenden Melodien — und besonders bei Doppel- oder Dreiergriffen — von den mit der tiefen Oktave — ⊖ (16') — kombinierten Klangfärbungen Abstand. Bei hochliegenden Stimmen sind dagegen gerade diese zu benützen. (Die Tabelle der Register für die rechte Hand siehe nach den Notizen.)

b) *Registrieren für die linke Hand.* Am verbreitesten sind folgende drei Typen der Bassregister:

⊟ = „Bariton"-Register. Bei dessen Einschaltung erklingen die höheren Zungenpfeifen.

⊟ = „Tutti"-Register. Schaltet sämtliche Pfeifenreihen des Basses ein.

⊟ = „Tiefer Bass"-Register. Schaltet die drei tiefsten Pfeifenreihen ein.

Bei kleineren Instrumenten — die kein Bassregister haben – klingen sämtliche Pfeifenreihen mit. Auf so einem Akkordeon können wir die gehaltenen Töne und Akkorde des Basses im Notfall ein wenig abkürzen, damit sie die Melodie nicht übertönen.

Magyar népdalfeldolgozások – Hungarian Folksong Arrangements
Ungarische Volksliedbearbeitungen

1

WEINER Leó
(1885–1960)

2

Z. 14 372

3

Allegretto

4

Allegretto vivo

5

Tempo giusto

Marosszéki kerengős – Ronde of Marosszék – Reigen aus Marosszék

WEINER Leó

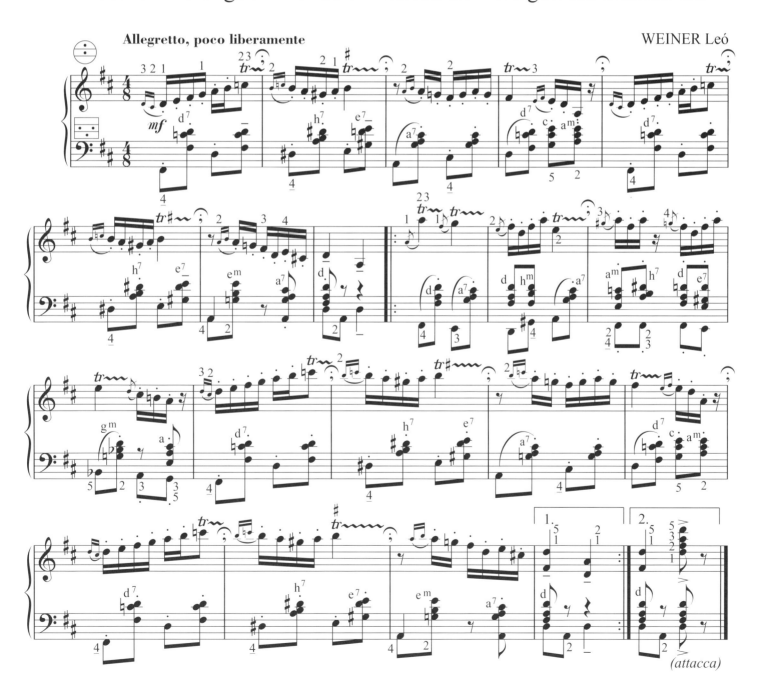

(attacca)

Rókatánc – Fox Dance – Fuchs-Tanz

WEINER Leó

Kuruc dalok – Kuruc Songs – Kurutzenlieder

1

VAS Gábor
(1927–2014)

4

Allegretto

Magyar katonadalok – Hungarian Soldier's Songs
Ungarische Soldatenlieder

1

VAS Gábor

2

3

Tempo di Marcia

4

Tempo di Marcia

Csárdás

DOPPLER Károly
(1825–1900)

Névnapi magyar – Hungarian Name-Day Song
Ungarisches Lied zum Namenstag

RÓZSAVÖLGYI Márk
(1789–1848)

Lakodalmas tánc – Wedding Dance – Hochzeitstanz

LASSÚ – SLOW – LANGSAM

LAVOTTA János
(1764–1820)

* Merrily – Lustig

UGRÓS NÓTA – LEAPING SONG – SPRUNGLIED

Frissen*

poco rallentando a tempo

* Lively – Frisch

Verbunkos

BIHARI János
(1764–1827)

Magyar toborzó – Hungarian Recruiting Dance – Ungarischer Werbetanz

BIHARI János

Magyar tánc – Hungarian Dance – Ungarischer Tanz
(No. 5)

Johannes BRAHMS
(1833–1897)

Dal Segno %̶ al ⊕ e poi Coda

Csárdás

Vittorio MONTI
(1868–1922)

28

Palotás

(a *Hunyadi László* című operából – from the opera *László Hunyadi* – aus der Oper *László Hunyadi*)

ERKEL Ferenc
(1810–1893)

Dal Segno % senza ripetizione

CODA

Régi magyar táncok – Early Hungarian Dances – Alte ungarische Tänze

1

Intrada

FARKAS Ferenc
(1905–2000)

Fine

Z. 14 372

Da Capo al Fine

2
Chorea

Da Capo al Fine

3
Magyar tánc – Hungarian Dance – Ungarischer Tanz

Fine

rallentando

Da Capo al Fine

Z. 14 372

4

Erdélyi fejedelem tánca – The Prince of Transylvania's Dance – Tanz eines Siebenbürger Fürsten

Fine

Da Capo al Fine

5

Apor Lázár tánca – Lázár Apor's Dance – Tanz des Lázár Apor

TARTALOM – CONTENTS – INHALT

Weiner Leó műveit az Editio Musica Budapest alábbi kiadványaiból vettük át:
The pieces by Leó Weiner are taken from the following editions published by Editio Musica Budapest:
Die Werke von Leó Weiner sind den folgenden Ausgaben der Editio Musica Budapest entnommen:

Magyar népdalfeldolgozások - Hungarian Folksong Arrangements - Ungarische Volksliedbearbeitungen

Nos. 1, 3   Op. 27: Húsz könnyű kis zongoradarab / Twenty Easy Little Piano Pieces / Zwanzig leichte kleine Klavierstücke (Nos. 10, 5) Z. 58

Nos. 2, 4, 5   Op. 42: Magyar népi muzsika (zongorára) / Hungarian Folk Music (for piano) / Ungarische Volksmusik (für Klavier) (Nos.15, 22, 24) Z. 954

Marosszéki kerengős, Rókatánc - Ronde of Marosszék, Fox Dance - Reigen aus Marosszék, Fuchs-Tanz

Három magyar népi tánc (zongorára) / Three Hungarian Rural Dances (for piano) / Drei Ungarische Volkstänze (für Klavier) Z. 144

Felelős kiadó az Editio Musica Budapest Zeneműkiadó Kft. igazgatója
Z. 14372/4 (7 A/5 ív) 2019/1503. Generál Nyomda Kft.
Felelős vezető: Hunya Ágnes ügyvezető
Felelős szerkesztő: Zempléni László
Műszaki szerkesztő: Tihanyi Éva
A címlapot Fodor Attila tervezte
A kottagrafikát Balog József készítette